ISBN : 978-2-02-152685-1

© Éditions du Seuil, Paris, avril 2024.
© Bruno Mazodier pour toutes les photographies reproduites dans ce livre

Le Code de la propriété intellectuelle interdit les copies ou reproductions destinées à une utilisation collective. Toute représentation ou reproduction intégrale ou partielle faite par quelque procédé que ce soit, sans le consentement de l'auteur ou de ses ayants cause, est illicite et constitue une contrefaçon sanctionnée par les articles L. 335-2 et suivants du Code de la propriété intellectuelle.

Le foot est une enfance

PHILIPPE DELERM

photographies de **BRUNO MAZODIER**

Seuil

J'ai éprouvé un coup de cœur quand j'ai découvert les photos de
Bruno Mazodier représentant des enfants et des adolescents jouant au
football, un peu partout sur la planète. Elles incarnaient avec talent une idée
qui m'est chère : l'essence du football est bien éloignée du football bling-bling,
des scandales politico-financiers, des milliards indécents répandus par
un business contaminé. L'essence du football, sa magie spécifique,
qui en font un langage universel, parlé aux quatre coins du monde,
c'est l'esprit d'enfance. Un football à quatre sous, joué sur un bout de trottoir,
une plage, un terrain vague, un coin de terre désertique.

Est née bientôt l'envie d'écrire dans cette couleur-là : rarement pour illustrer
ces photos par des textes, mais pour retrouver en moi cette façon de vivre
le football, de rêver le football. En roulant des chaussettes pour en faire
une balle, en posant quatre cartables pour en faire des buts.
Bien sûr, les enfants, les ados qui transfigurent ainsi le réel le font toujours
en évoquant, en devenant quelques instants les idoles qu'ils voient à la télévision. Mais c'est une opération poétique : quelque part, ils savent que
les rêves réalisés ne sont jamais à la hauteur de l'imaginaire.
Toute l'industrie corrompue du football mondial n'a de sens paradoxal
que pour donner vie à la seule chose qui compte : le foot est une enfance.

Inde, Adimali.

ON AURAIT DIT QU'ON SERAIT

On joue au foot sur toute la terre. Presque partout dans le monde il y a de beaux stades aux pelouses bichonnées, aux tribunes modernes bétonnées pour de grands événements, des foules rassemblées. Mais c'est l'arbre qui cache la forêt. Ce qui compte vraiment, c'est qu'absolument partout sur la planète vit l'idée du football.

Pour matérialiser l'idée du foot, il suffit de trois fois rien : deux traits à la craie en bas d'un mur de ville, deux branches de noisetier plantées dans la terre bosselée d'un terrain vague, deux bambous fichés dans le sable d'une plage. Des gants roulés en boule pour faire la balle, des chaussettes, parfois une capsule de bière raclant le trottoir. Le reste, on le dessine dans sa tête, on l'imagine, on dit « Il y a corner », comme si la ligne du terrain était délimitée. Si l'on n'est pas assez nombreux, on fait la touche ou le corner pour soi-même, cela n'empêche rien.

Autrefois, les enfants jouaient tous à « On aurait dit qu'on serait ». On serait les cow-boys et les Indiens, les chevaliers du Moyen Âge, les infirmières, les marchands, l'épicière, le policier. Dans les magasins, on vendait des panoplies pour tous ces rôles, Zorro, Ivanhoé, Thierry la Fronde. Mais on n'avait pas besoin de panoplie dans la cour de l'école. Le duffle-coat ou la pèlerine attachés par un seul bouton autour du cou, les pans écartés rejetés en arrière sur le dos suffisaient bien pour chevaucher, avec un petit air las et détaché.

Qu'est-ce qui a réduit le conditionnel des jeux d'enfants ? On n'entend plus que très rarement « On aurait dit qu'on aurait été faits prisonniers dans le château ». Mais le foot a gardé « On aurait dit qu'on serait ». On dit « On va faire les demi-finales de l'Euro », et c'est comme si le conditionnel était présent dans l'indicatif. Pas même besoin de justifier. Le foot est là, dans la vraie vie, et tout le reste disparaît, les parents qui se disputent, les mauvaises notes qu'on n'a pas encore annoncées, on est bien d'accord pour les effacer avec la demi-finale de l'Euro.

Plus tard, on entendra : « Dans quel état tu t'es mis ! Tu as vu tes chaussures ? » On n'a pas vu ses chaussures. Et on s'est mis dans l'état que l'on voudrait garder toujours, une folle envie de marquer, de faire un arrêt miraculeux, de rendre tout possible.

Maroc, Fez.

DES MOTS VENUS D'AILLEURS

Je crois qu'on se souvient tous de la première fois où on a découvert que le foot était un monde presque impossible. Mais l'étonnant, c'est que ça se passe autant dans les familles où il y a une culture du jeu que dans celles où le foot n'existe pas.

Chez moi, le football était une langue étrangère. Mes parents, mon frère, ma sœur ne s'y intéressaient pas du tout. C'était dans les années cinquante, on n'avait pas encore la télévision. Mais même à la radio, je ne me souviens pas d'avoir entendu ne serait-ce que quelques instants de la retransmission d'un match. Dans ma cour d'école, on ne jouait pas au foot. Les pèlerines ou les manteaux faisaient cape, nous étions chevaliers du Moyen Âge. Ou bien, à la longue récréation du soir, avant l'étude, nous avions le temps de faire un *épervier*, toute la largeur de la cour investie pour éviter les chasseurs devenus de plus en plus nombreux au fil des minutes et connaître – trop rarement – le frisson de rester le dernier épervier, seul contre tous.

Mais il y avait aussi dans la cour des jeux de bille où l'on gagnait, en tirant *à la tiquette* (sans faire courir la bille sur le sol comme à la méprisable *roulette*) d'autres billes alignées, des figurines Mokarex ou des soldats de plombs exposés par un élève, assis sur le sol, les jambes écartées pour ne rien perdre des munitions égarées, dont il s'emparait gloutonnement, emplissant ses mains puis ses poches dans un dandinement comique. Comment des cartes à jouer étaient-elles apparues dans ces échanges impitoyables ? C'étaient des cartes normales en apparence, avec des rois, des as et des valets. Mais toutes les figures avaient un nom de joueur, et sa photo était en mouvement. Et toutes les dames représentaient une équipe. C'est là que j'ai entendu les premières fois des noms nimbés de mystère : Real de Madrid, Puskás, Kopa, Di Stéfano, Stade de Reims, Pelé, Santos.

Cette année-là, le vieux cousin Paul que j'accompagnais le dimanche matin au marché de Bécon-les-Bruyères me glissa comme un secret : « Il paraît que Kopa va partir au Real de Madrid. » Tous ces mots qui surgissaient dans la cour d'école de Louveciennes ou au marché de Bécon, tous ces mots empreints de la familiarité, de l'admiration qu'ils suscitaient, tous ces mots qui rassemblaient les enfants et les vieux dans une même religion lointaine, je comprenais qu'ils incantaient le royaume du football, dont je ne savais presque rien.

Madagascar, Andimaky Manambolo.

MANCHESTER ET LES DÉSERTS DE SABLE

Ce qui est spécial dans le foot, c'est de constater que c'est vraiment un langage universel. De temps en temps, on apprend un renseignement inattendu : Bob Marley était un fou de foot ; partout où il allait faire des concerts de reggae, il trouvait des gens pour organiser un match. On apprend qu'en Afrique les Nigérians ont une passion pour le football anglais. Il y a des clubs du Nigeria qui s'appellent Manchester United ou Liverpool. On imaginait seulement le foot anglais avec des pelouses très vertes, au ras des tribunes où les supporters chantent. Mais la mythologie des clubs anglais, la philosophie du jeu, le *kick and rush* des débordements et des centres repris de la tête au mépris de la pluie cinglante peuvent se décaler, s'exporter jusqu'au cœur de l'Afrique.

C'est un mouvement qui se fait dans les deux sens : beaucoup de joueurs africains s'expatrient en Angleterre, y deviennent des vedettes consacrées, comme Mohamed Salah et Sadio Mané, partenaires et complices sous le maillot rouge du Liverpool FC, et adversaires farouches en finale de la Coupe d'Afrique des nations, quand le Sénégal rencontre l'Égypte.

Cela veut dire qu'un enfant sénégalais ou égyptien qui joue pieds nus sur la terre battue brûlant de chaleur et de poussière d'un village africain peut sceller son destin dans les fumées d'usine et les brouillards de Liverpool. Il y a une chance sur cent mille pour qu'il en soit ainsi, mais cette idée existe, peut devenir réalité, et cette possibilité si ténue et si miraculeuse fait toute l'universalité du football.

Madagascar, Ankilizato.

LA BARRE DE FORTUNE

À deux contre deux, trois contre trois, on pratique le foot au sol, les buts exigent l'horizontalité du tir, sinon, si la balle passe trop haut, on ne sait pas. Au delà de quatre dans chaque camp, ça commence vraiment à ressembler à deux équipes, on joue dans davantage d'espace, alors on est obligé de prendre en compte le shoot à hauteur. Parfois, on peut avoir la chance de jouer sur un terrain de basket, ou mieux, sur un terrain de hand. On ne se contente plus du goal volant, promis à toutes les tâches, on a un vrai gardien de but. Sur un terrain imaginaire il faut un bon bricolage, avec des montants latéraux, mais aussi une barre horizontale. C'est drôle ; c'est quand le terrain commence à ressembler davantage à un vrai terrain qu'il en semble le plus éloigné, le plus artisanal, car ce n'est pas facile de trouver une branche assez longue. Près d'une forêt c'est possible, mais le bois mort est toujours un peu tordu. On peut dénicher de belles tiges raides dans un buisson de noisetiers, mais il faut un bon couteau pour les couper, et elles paraissent toujours si minces, si frêles, attachées tant bien que mal avec de la grosse ficelle. Au moindre tir un peu fort sur l'un des montants l'édifice s'écroule, il faut le remonter.

C'est comme ça, et c'est un peu étrange, car on trouve que ce n'est pas plus mal comme ça. On est fiers de ne pas être des gosses de riches avec des équipements parfaits et des terrains tout prêts, on trouve ça plutôt génial d'être des rois de la bricole, de la fragilité. Le but est beau comme ça, c'est le nôtre, on a mérité de jouer.

Tanzanie, île de Zanzibar, Jambiani.

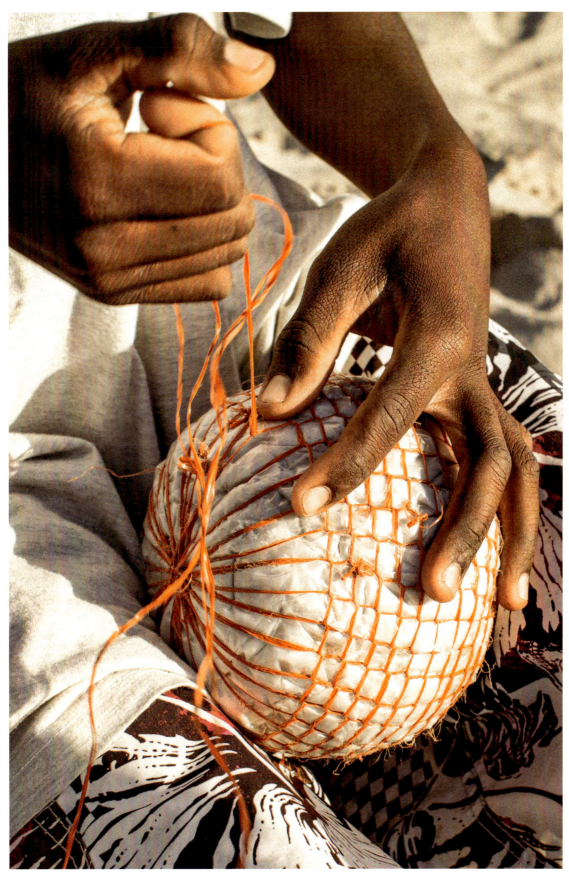

Madagascar, Anakao.

Mexique, Tulum.

IMAGINER L'ESPACE

Le football a un prodigieux pouvoir de changer la nature des lieux. Quelques indices suffisent à créer le terrain partout où il n'est pas. On privilégie bien sûr l'installation des buts – souvent, deux tee-shirts de part et d'autre suffisent. Après, si c'est un espace impossible à délimiter, ciment, terre trop dure, sable trop mou, esplanade herbeuse trop immense, l'imagination fait tout. Alors même que la partie fait rage et qu'on en prend l'issue très au sérieux, il y a un arbitrage virtuel étonnamment consenti des distances à respecter. On n'exagère pas dans la largeur, sous peine de supprimer l'idée même du terrain. On concède encore plus nettement la sortie de but ou le corner. Ce n'est pas de la grandeur d'âme ou du fair-play : on voit les limites, on tient à les voir pour croire à cette surface qu'on s'est inventée.

Il y a de la poésie dans cette architecture mentale, une satisfaction partagée d'avoir mis la main sur la réalité, de l'avoir soumise. Bien sûr, le plaisir n'en est que plus grand quand on joue plus tard sur un grand terrain, et peut-être plus encore quand on utilise la sophistication précieuse d'un *five*, une aire minimaliste conçue pour un football à cinq, collectif et malin, utilisant les parois latérales dans des combinaisons inédites. Mais connaître le confort technologique d'une installation spécifique, cela doit rester un luxe et une récompense, une cerise sur le gâteau. On n'en éprouve vraiment la satisfaction que si l'on a fait preuve, avant, d'un imaginaire, d'un désir de foot beaucoup plus essentiel, en admettant qu'il y a touche, que le ballon est bien sorti, alors qu'aucune trace physique n'en témoigne. Un code secret, une complicité avec l'adversaire. Une concession, mais aussi un cadeau qu'on se fait. Pour inventer les contours de sa passion.

Tanzanie, île de Zanzibar, Stone Town.

DÉLICIEUX

À la maison, il y a toujours un numéro de *L'Équipe* qui traîne – on a un père qui achète ce journal presque tous les jours. Au début, on lisait seulement les titres des articles. Souvent, il y avait un jeu de mots qu'on avait du mal à comprendre, comme par exemple : « Reims, un peu de Faye, ou un feu de paille ? » Et puis, petit à petit, au fur et à mesure qu'on a commencé à s'intéresser à la Ligue des champions, puis aux matchs du championnat, on s'est mis à lire tout l'article. Papa disait à maman que ça changeait des mangas.

On a remarqué qu'il y avait un mot qui revenait souvent, un mot étonnant pour parler de football. *Délicieux*. On l'entendait d'habitude à propos d'une tarte aux fraises ou d'un *cheese-cake*. Mais dans *L'Équipe*, c'était une talonnade délicieuse, un une-deux délicieux, un délicieux changement d'aile. On a souri en lisant ça, et on a bien compris. Un geste fin, inattendu, un sens du jeu intelligent, oui, c'était bien ça. Délicieux.

Le foot, c'est très physique, les contacts sont rudes, les entraîneurs disent « Il faut gagner les duels », et ils parlent du match comme d'un combat. Quand on regarde les ralentis à la télé, on voit qu'il y a toujours des fautes presque invisibles en vitesse réelle, des tirages de maillot, un pied écrasé exprès. Alors cela fait du bien de voir que le football peut être aussi le sport le plus délicat, le plus imaginatif. Délicieux. Le journaliste qui écrit ce mot est quelqu'un qui aime le football. Comme on l'aime.

Tanzanie, Île de Zanzibar, Stone Town.

Madagascar, Morondava.

LA MÉLANCOLIE DE WOLFSBURG

Victor Osimhen est né à Lagos, au Nigeria, en 1998. Sa mère mourut quand il avait trois ans. Très vite, il manifesta un don extraordinaire pour le football, et très vite il mit tous ses rêves dans le foot, y compris son désir de parvenir à aider les siens, à les aider à sortir de la pauvreté. Dans le quartier où Victor était enfant, Olusosun, tous les gamins pensaient ainsi. Le père de Victor ne s'intéressait pas du tout au foot. Mais un jour, à quatre heures du matin, Victor le réveilla pour lui dire qu'il devait partir pour une détection qui réunissait tous les petits espoirs du pays.

Tout alla vite ensuite. Avec le Nigeria, Victor remporta au Chili la Coupe du monde des moins de dix-sept ans, et finit meilleur buteur de la compétition. De nombreux clubs européens commencèrent à le solliciter, et il choisit Wolfsburg, en Allemagne.

À son arrivée là-bas, Victor était accompagné de plusieurs membres de sa famille et de deux agents qui avaient effectué toutes les démarches administratives. Et puis, un à un, ses accompagnateurs repartirent. Quand son frère, le dernier, eut fait ses valises, eut refermé la porte de la maison qu'on avait louée pour lui, Victor se sentit tout à coup terriblement seul, angoissé d'avoir à affronter son destin dans une maison si vide et si grande, loin du soleil d'Olusosun. Il évoque aujourd'hui ces instants comme les plus terribles de sa jeune existence. C'est si difficile de se mettre vraiment à la place de cet adolescent à qui tout sourit en apparence, mais qui s'est détaché de tout son entourage pour se retrouver dans une maison tellement plus confortable que celles qu'il a connues, mais qui lui semble hostile.

Victor Osimhen a tenu le coup. Après le froid de Wolfsburg, il a connu la grisaille de Charleroi, en Belgique. Aujourd'hui, il brille sous les couleurs de Naples, dont il est devenu l'attaquant vedette. Il est fier de jouer dans le club qui fut celui de Maradona. Mais il tient toujours à évoquer la solitude de la maison de Wolfsburg. Il sait que quelque chose de capital s'est passé là, quand toute son espérance s'était muée en un lourd chagrin, dans les pièces trop grandes d'une maison d'exil. Il est resté.

ITALIE, ROME.

Angleterre, Londres, Hackney Marshes.

Brésil, Ilha Grande.

ÊTRE INVITÉ ENFIN

N'importe où sur la terre quand des enfants ou des adolescents jouent au foot, et même si on ne parle pas leur langue, on peut être accepté. Il faut être discret, ne rien brusquer, rester en retrait, sur un coin de la plage, de l'herbage, du terrain vague. Commencer à jongler un peu avec la balle qu'on a emportée. Pas forcément briller, impressionner – d'ailleurs, les autres sont trop à leur jeu pour vous regarder vraiment. Mais le message est bien compris, la posture éloquente – cette mélancolie de celui qui voudrait bien jouer, mais reste solitaire. On arrête de jongler. On s'assoit sur le ballon. On fait mine de regarder la partie, et même on la regarde.

Il y a toujours cet instant magique où un joueur prend en compte votre présence, croise le regard d'un autre. Une question informulée et un acquiescement, plutôt sans enthousiasme, un petit *pourquoi pas*. Et c'est l'adoubement.

Il y a un grand bonheur à recevoir cette invite. Elle se fait pourtant sans aucune effusion. On se sent étranger, un peu pataud, mais on se secoue pour se démarquer, faire deux ou trois appels de balle d'abord improductifs, puis récompensés par une première marque de confiance, une passe tellement espérée qu'il serait suicidaire d'en faire l'occasion d'une action personnelle, et à laquelle on répond par une autre passe, furtive et latérale, comme un petit merci discret. Cette attente, cette espérance, ce scénario sans mots, cet enjeu dérisoire mais qui nuance la couleur d'une journée, fait passer de la tristesse résignée à la chance d'être toléré, pas tout à fait choisi mais bientôt intégré, ce sentiment à la fois jubilatoire et redouté d'avoir à mériter sa chance, c'est le meilleur du foot.

SUR UN TROTTOIR ET AU CAMP NOU

On a une chance infime de devenir footballeur professionnel. Est-ce qu'on peut dire qu'on en rêve vraiment ? Quand on a sept ou huit ans, on essaie de croire que l'homme qui s'assoit sur le banc, dans le jardin public où l'on fait des tirs contre le muret du kiosque à musique, est recruteur pour un club, qu'il essaie partout de dénicher de nouveaux talents. On le dit tout bas à son copain qui hausse les épaules, mais regarde quand même – c'est vrai que ce monsieur a posé son journal pour nous regarder jouer.

Dès qu'on commence à bien jouer au foot, il y a plein de gens qui vous disent : « Ne rêve pas trop de faire ça plus tard, c'est quasiment impossible. » On sait que c'est plutôt gentil, c'est pour que l'on ne soit pas trop déçu, après. En même temps, ça a l'air de dire que dès qu'on joue bien au foot on ne peut s'empêcher de penser qu'on deviendra professionnel, international, qu'on gagnera la Coupe du monde. Ça fait partie du foot, de l'esprit du foot, d'avoir ces deux plans qui se mêlent, et donnent au jeu de football son relief, son volume.

On fait un trois-trois avec des copains à la sortie du collège. On a mis les sacs de classe pour faire les buts. Quand on était en sixième, on mettait des buts larges, avec un goal volant, mais maintenant on joue plus technique, et plus collectif, sans gardien, avec un tout petit espace pour délimiter les buts entre les cartables. On joue avec une vieille balle de tennis ébouriffée, mais on est quand même au Camp Nou, à San Siro, à Wembley.

Le foot n'existe pas sans son imaginaire, et son imaginaire c'est ça : les grands stades mythiques, les joueurs emblématiques, qui s'invitent mine de rien sur ce bout de trottoir, entre les sacs de classe rapprochés. On sait bien qu'on va être en retard pour rentrer à la maison, et ça rend le trois-trois encore plus délicieux. Même la façade de l'immeuble en briques sombres, même le feu rouge au coin du trottoir jouent un rôle, protègent ce moment qui devient de plus en plus dangereux, interdit, au fur et à mesure que le temps s'allonge.

– Il va falloir que j'y aille, j'ai encore les maths à faire pour demain.

Tanzanie, île de Zanzibar, Stone Town.

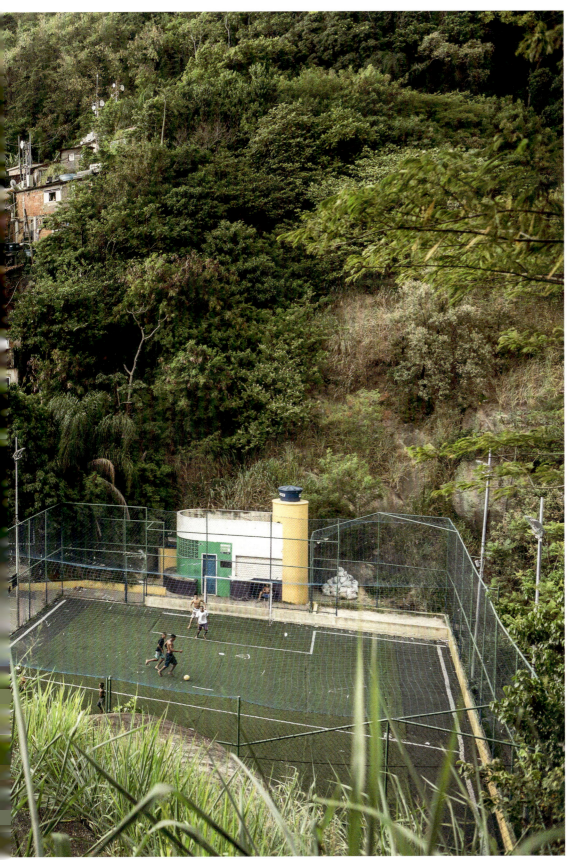

Brésil, Rio, favela Santa Marta.

Tanzanie, île de Zanzibar, Stone Town.

MENSONGE

On a entendu un joueur, Ben Arfa, dire ça un jour : « Le foot, c'est l'art du mensonge. » Et on a compris qu'il avait raison. Au foot, le meilleur joueur, c'est celui qui est toujours le moins prévisible, celui qui a l'air de vouloir s'enfoncer tout seul dans la défense adverse, en attirant deux joueurs autour de lui, et là, hop, d'un petit extérieur du pied il fait la passe et décale un partenaire qui a toute la place pour tirer.

C'est beaucoup une question de rythme. Juste au moment où on n'imagine plus qu'il peut faire une passe, il la propose comme ça, à l'aveugle, en apparence. En fait, il avait eu juste avant le coup d'œil parfait : les défenseurs mordaient dans sa feinte, et un partenaire comprendrait son intention secrète.

Pour le dribble, c'est pareil : faire semblant d'aller sur sa gauche, et effectuer un crochet sur sa droite ; même si le geste est toujours le même, c'est la vivacité qui compte, le choix du juste moment.

Le message le plus magique, c'est le petit pont. La première fois qu'on l'a réussi, on n'a rien compris à ce qui se passait. Ce n'était pas un choix, presque un instinct un peu absurde : au lieu d'éviter un adversaire, envoyer la balle en avant, au ras du sol, de l'intérieur du pied. Comment est-ce possible ? L'autre a entrouvert les jambes, une fraction de seconde. Il n'en a pas eu conscience. C'est un réflexe de défenseur. Le réflexe de quelqu'un qui sait jouer au foot : essayez un petit pont sur quelqu'un qui ne joue pas souvent au football et vous serez ridicule, il n'ouvrira pas les jambes. On explique ça comme ça, mais ça reste irréel. Une impulsion étrange de part et d'autre, un mouvement qu'on n'a pas choisi mais qui se réalise parfaitement, avec une sorte de complicité involontaire du défenseur. On sait que ça existe, on essaiera de le reproduire, sans jamais trouver ça tout à fait normal. Une feinte absolue qui n'est pas une feinte – juste un mensonge.

AU DÉPART DE LA BALLE

Quand on est petit, on n'imagine jamais qu'on pourrait devenir arbitre. Ce n'est pas un rêve de s'habiller en noir juste pour permettre aux autres de jouer. Et puis les arbitres ont toujours tort. Parfois, on a même l'impression qu'ils ont été créés pour ça, pour que les gens puissent se défouler. Si les choses ne vont pas bien, c'est la faute de l'arbitre.

Ce qui est drôle, c'est qu'au début des matchs, les joueurs ont l'air d'être très copains avec l'arbitre central et les arbitres de touche. Ils se serrent la main en souriant, ou en disant une plaisanterie qu'on n'entend pas. Mais dès que le coup d'envoi est donné, ça change, et, à la première faute sifflée, les joueurs ont déjà l'air furieux, écartent les bras d'un air exaspéré pour dire qu'ils n'ont rien fait de mal. C'est comme une espèce de jeu. L'arbitre doit faire son petit *non non* de la tête pour montrer qu'il ne changera pas d'avis. Le joueur sait jusqu'où il peut aller sans encourir un carton jaune pour contestation déplacée. Dans les cas un peu plus chauds, le capitaine s'approche de la scène, avec un petit côté sage et diplomate qui semble un rôle écrit d'avance.

Pour certains matchs télévisés, on équipe l'arbitre avec un micro, et c'est étonnant d'entendre la façon dont il s'adresse aux joueurs avec un mélange d'autorité et de grande politesse : « Non, vous pouvez vous relever, monsieur Neymar, il n'y a pas de faute. » C'est incroyable d'entendre le ton courtois de l'arbitre en opposition complète avec les gestes énervés des joueurs.

Dans les petits matchs, en province, ça ne se passe pas du tout comme ça. Les spectateurs – la plupart d'anciens joueurs – sont égrenés le long de la main courante. Ils apostrophent l'arbitre, qui ne leur répond pas : « Il n'y était pas, hors-jeu, monsieur l'arbitre ! » À défaut d'une réponse de l'homme en noir, une conversation s'amorce avec un autre supporter :

– Si si, il y était !

– Non, au départ de la balle, il n'y était pas. Tout ce que tu veux !

Au départ de la balle. L'expression s'invite volontiers dans le dialogue. Celui qui l'emploie manifeste à la fois une finesse dans le coup d'œil et une vraie connaissance des règles du football. Oui, la position de hors-jeu doit être jugée au départ de la balle. Mais quand on n'est pas devant son téléviseur, qu'il n'est pas question de ralenti ni de replay, l'estimation du hors-jeu est compliquée, se joue à une fraction de seconde. A-t-on vu la réalité, ou ce qu'on voulait voir ? L'opposant n'ignore pas la règle et s'agace de cette supériorité affichée avec un peu d'orgueil par son compagnon soudain détesté :

– Je te dis au départ de la balle !

Inde, Cochin.

Madagascar, Andimaky Manambolo.

COMME LES PREMIERS PAS SUR LA NEIGE

Les premières minutes du match sont extraordinaires. Les premières minutes *du* match. Celui que tout le monde regarde, celui qui fait l'accroche du lendemain : « Tu as vu *le* match ? » Celui dont on se dit : « Il faut que j'aie fini mes maths. Sinon, mes parents ne me laisseront pas regarder. » C'est magique de sentir que tout le monde est devant son écran, les anciens, les adultes, les ados, les enfants, quand le premier coup de sifflet déclenche une immense clameur, suivie d'un silence. On a toujours l'impression que tous les matchs de tous les temps revivent dans ce court silence. C'est comme un salut à la particularité de ce sport qui ne ressemble à aucun autre, celui que les habitants de la planète Terre ont choisi pour se comprendre et s'affronter.

Il n'y a pas souvent de but dans les trois premières minutes. Les commentateurs éprouvent déjà le besoin de calmer les espérances des téléspectateurs : « C'est un round d'observation auquel se livrent les deux équipes. » On avait bien compris, mais la tension n'en est que plus grande. C'est comme une page blanche sur laquelle on n'aurait pas envie d'écrire des mots définitifs, pas envie de prendre le risque de se dire trop, de se découvrir.

Au bout de cinq minutes, les choses se mettent en place, l'équipe qui attaque, celle qui défend, des situations reproductibles, des mouvements qu'on a déjà vus à peu près dans d'autres matchs. Mais les deux premières minutes, ce sentiment d'être tous ensemble, chacun avec son passé de foot, ses préférences, évidemment, mais surtout l'envie de vouloir vibrer pour la même chose, ce rendez-vous presque gratuit, presque inutile, mais qui suspend toute la vie, ce mot de passe partagé, c'est ça le foot, à chaque fois recommencé, ces premiers pas sur une neige immaculée.

Groenland, Qaanaaq.

LES MAILLOTS PARLENT

Les maillots sont chers. Les vrais maillots, exactement comme ceux des joueurs célèbres. En fait, on ne les met pas si souvent pour jouer. À l'entraînement, ou en match, on porte son maillot de club. Parfois, pour une fête chez un copain où on sait qu'on fera forcément une petite partie, on est content d'arborer le beau maillot qu'on a reçu à Noël. Il y a beaucoup de Mbappé, bien sûr, et pas mal de Messi. Ça, c'est surtout quand on a huit, neuf ans. Mais après, on préfère manifester sa personnalité en choisissant celui d'un joueur moins connu. On met une petite touche de personnalité supplémentaire en élisant le maillot de la Juve de Dybala, le maillot du Milan AC de Robinho, celui de James Rodríguez au Bayern Munich. C'est une façon de manifester quelque chose de raffiné, de plus secret, le choix d'un style de jeu, d'une façon d'être, en retrait, moins éclatante, mais plus individuelle et plus originale.

En grandissant plus encore, on commence à connaître le foot en général, l'histoire du foot. Autrefois, le nom des joueurs ne figurait pas sur leur maillot. On l'identifiait simplement avec la couleur et le numéro. Orange n° 14 est magnifique parce que c'est celui de Cruyff avec la grande équipe des Pays-Bas. Un joueur connu pour son immense talent, mais aussi parce qu'il représente une idée, un football total où tout le monde attaque et tout le monde défend – et sur cette folie effervescente Johan Cruyff ajoute la touche de son génie, la technique multipliée par la vitesse. Beaucoup de jeunes savent cela, et ça étonne toujours les adultes. Mais aimer le foot, donner de l'ampleur et du volume à son amour pour le foot, c'est posséder cette culture-là. Une connaissance historique qu'on n'a aucun mal à apprendre.

Le numéro mythique reste avant tout le 10, le maillot jaune à parements verts du Brésil de Pelé, le maillot ciel et blanc de l'Argentine de Maradona, le bleu de la France de Platini. Pas besoin de flocage : la couleur et le numéro suffisent pour faire surgir le nom, faire revivre le faux grand pont de Pelé contre l'Uruguay en 1970, la main de Dieu de Maradona contre l'Angleterre, le merveilleux coup franc raté de Michel Platini contre l'Espagne qui met tant de temps à pénétrer la cage d'Arconada pour nous faire gagner le Championnat d'Europe 1984.

Est-ce le talent de ces joueurs qui a donné son aura, son mystère au numéro 10, ou bien y a-t-il un pouvoir particulier du numéro lui-même ? On ne saura jamais qui est premier de l'œuf ou de la poule. Mais quand même, au départ il y a une finesse, une subtilité dans le désir de jouer 10. C'est d'abord refuser le 9, celui de l'avant-centre. Autrefois, le 9 était le numéro prestigieux, celui du buteur patenté, à la proue du navire. Comme le 8, le 10 était un *inter*, faisant la transition entre les demis et les attaquants. Mais l'évolution du football moderne a changé la donne. Le 8 jouait à droite, le 10 à gauche. Le 8 serait-il *de* droite, le 10 *de* gauche ? Le 8, ce fut Giresse, et le 10 Platini. Cela ne concerne guère les options politiques des deux joueurs. Mais Platini jouait avec le maillot pendant sur le short, pendant que Giresse le rentrait méticuleusement. Et Platini parfois n'hésitait pas à baisser ses chaussettes, comme Yvon Douis ou comme Sívori. Hasard peut-être ? Le 10 joue à gauche, mais dans

Espagne, Getaria.

sa philosophie il est de gauche aussi. Plus proche physiquement de l'avant-centre que le 8, il est une sorte de conseiller privilégié du 9, une éminence grise. Instigateur de la prouesse collective, il affectionne le dribble, et plus encore le une-deux, mais aussi les mouvements révolutionnaires, les changements d'aile. Il n'est jamais si près du but que lorsqu'il semble s'en désintéresser. Le 10 est un faux modeste. Il n'est pas obsédé par l'idée de briller, et pourtant c'est lui la vraie vedette. Pelé, Maradona, Platini l'ont installé tout en haut de l'affiche.

Et bien des adolescents aujourd'hui savent qu'à porter le maillot non floqué ils témoignent de leur connaissance du vrai football. Choisir le bon maillot, c'est parler du foot sans les mots.

Espagne, Getaria.

LE BONHEUR QUI S'ÉLOIGNE

Un dimanche, à la fin d'une promenade familiale en forêt de Marly, j'aperçois les acteurs fabuleux d'un *vrai* match, juste à côté de l'endroit où mon père a garé son Aronde. Je revois la lumière d'automne, je ressens encore l'extraordinaire envie de voir, d'en savoir davantage, très vite poignardée par un coup de sifflet que l'on me dit final – et les joueurs des deux équipes en effet regagnent les vestiaires en bavardant gaiement.

Mais mes parents décidément ne connaissaient rien au football, et leur gentillesse n'en fut que plus cruelle. Comme je leur confiais que ce serait mon plus beau rêve de pouvoir revenir un dimanche voir tout un match, ils acceptèrent, me permettant même d'inviter un copain pour partager la fête. Daniel Gilbert, un autre élève de mon CM1. Quinze jours plus tard, je me revois dans la cour de l'école si vaste et silencieuse pour nous deux, jouant en attendant avec impatience l'heure du départ pour le stade de Marly.

Hélas, mes parents avaient mal visé, et nous arrivâmes dix minutes avant la fin du match. Je ressens encore ce sentiment de bonheur magique esquissé et de frustration profonde. Il compte sûrement beaucoup dans mon amour du football. Mon désir de foot s'est cristallisé autour d'une mélancolie, mêlée à la honte d'avoir infligé à mon copain un non-événement. Le foot était extraordinaire parce qu'il se refusait, s'éloignait au moment de s'approcher, comme un amour impossible.

Belgique, Bruxelles.

Thaïlande, Koh Tao.

ET COMME L'ESPÉRANCE EST VIOLENTE

«On est entré dans le temps additionnel.» Il est rare que cette phrase nous laisse de marbre. Si l'équipe que l'on soutient mène au score, le temps additionnel prend l'ampleur d'une menace – à moins de mener par trois buts d'écart. La durée du temps additionnel s'inscrit sur l'écran du téléviseur avant que le commentateur ne l'annonce. Trois minutes, c'est le plus court que l'on puisse espérer. Cinq, cela semble d'une longueur infinie. C'est comme si le destin de la rencontre tout entière se cristallisait dans cet épilogue plus ou moins justifié – on est de mauvaise foi, bien sûr. Il y a eu effectivement des arrêts de jeu, quelques palabres, une blessure. Mais quoi, cinq minutes, c'est l'éternité! Cinq minutes qui se dilatent à l'infini. Seules les sorties de but et les mises en touche ne semblent pas un danger, le cœur s'apaise un peu. Mais le moindre centre aérien *dans le paquet* suscite aussitôt une angoisse multipliée par un rebond incertain, un *deuxième ballon* qui traîne et peut se muer en providence pour l'attaquant chanceux.

Le football se joue en deux mi-temps de quarante-cinq minutes. Ce n'est pas tout à fait vrai. L'essence du jeu, c'est aussi ce temps additionnel, ponctué parfois par un soupir de soulagement proportionné à la frayeur, mais aussi trop souvent par un dénouement racinien. La vie est une tragédie – on sait que ça va mal finir.

À l'inverse, le temps additionnel paraît d'une brièveté dérisoire lorsqu'on est mené. Même pas le temps de construire de vraies attaques, c'est du hourra football à l'avance condamné. Douleur supplémentaire, il y a toujours une occasion de but – immanquable et manquée.

Le temps additionnel, c'est la preuve par trois ou cinq que le temps n'existe pas. Ce qui fait toujours mal et peur, c'est l'espérance.

Tanzanie, île de Zanzibar, Stone Town.

AU NORD C'ÉTAIT LES CORONS

« Et chaque verre de vin était un diamant rose
Posé sur fond de silicose »

Il y a des paroles étranges et belles dans cette chanson. On ne comprend pas vraiment, mais on n'a pas envie de poser des questions ni de se plonger dans un dictionnaire. C'est plus fort comme ça, plus poétique, plus mystérieux. On sait que bientôt ça sera le refrain, comme une vague qui vous prend dans son élan : « Au nord c'était les corons. » Et tout le stade Félix-Bollaert chantera. Une fois dans sa vie, on aimerait être là, debout à Félix-Bollaert, au milieu des écharpes et des bonnets rouge et jaune, en chantant avec toute la ferveur du monde « Au nord c'était les corons ». On la trouve si belle, cette fierté des gens du Nord d'appartenir au peuple des mineurs, des prisonniers de la terre, héroïques et soumis, oubliés de la lumière.

C'est un peu étrange, parce qu'on sait bien que même si le Racing Club de Lens n'est pas une équipe de milliardaires, ses joueurs et ses dirigeants n'ont plus grand-chose à voir avec les coups de grisou, le danger, la misère. Pourtant, c'est comme si tout le stade Félix-Bollaert était ennobli par la chanson de Pierre Bachelet. Ce sont les mots mêmes Félix-Bollaert qui prennent une aura particulière. Là non plus, on n'a pas envie de savoir qui était Félix Bollaert ; il y a un pouvoir de ces syllabes un peu rugueuses, comme un code qui permet de devenir familier des *sang et or*. On se répète : « Marseille doit se déplacer à Félix-Bollaert. » Se déplacer à Félix-Bollaert, c'est beaucoup plus qu'aller disputer un match à l'extérieur. Sentir les vibrations d'un stade entier qui a la chair de poule, et qui vous la transmet. Au nord c'était les corons.

Madagascar, Andimaky Manambolo.

Madagascar, Fianarantsoa.

France, Égreville.

Îles feroe, Kirkjubour.

LES BUTS SONT RARES

On a tellement l'habitude de voir les matchs à la télévision, avec la rediffusion des actions quand il y a but, la vérification des hors-jeu, les fautes filmées sous plusieurs angles… Alors, quand on va au stade pour assister vraiment à un grand match, on s'étonne de ne plus disposer de toute cette technologie. La vérité du jeu que l'on a sous les yeux est vécue à la fois avec une intensité bien plus forte, mais aussi une sorte de manque informulé.

C'est l'intensité de la clameur qui devient décisive. On n'est pas sûr d'avoir vu le ballon entrer dans la cage. Mais si c'est le cas, si l'on n'entend pas aussitôt après une vague de reflux et de déception, c'est que le miracle a eu lieu. Il y a but. Miracle. Les buts sont quand même rares. Souvent, les matchs se terminent par un score de 1-0, parfois même de 0-0. Assister à un but est un moment spécial. Bien sûr on est venu pour ça, bien sûr le jeu n'a vraiment de sens que si un but est marqué. Mais tout le cérémonial qui entoure cet instant précieux est à la fois exaltant et décourageant. Dans tous les autres sports de balle, tennis, handball, basket, rugby, on marque des points à foison – on n'a même pas le temps de célébrer, il faut penser déjà au point suivant. Au foot, c'est très particulier. Le but est si isolé qu'il faut savoir prendre du plaisir à de longues phases de jeu qui ne sont même pas des occasions. Combien de constructions alambiquées qui n'aboutissent à rien en apparence, mais permettent de définir le style de jeu d'une équipe, une façon plus ou moins séduisante d'apprivoiser la quadrature du cercle. Le résultat, l'efficacité comptent énormément, mais sont dilués dans tant de chemins en impasse qui tout à coup s'ouvrent sur une clairière, un éblouissement : quand la clameur devient comme une fête assourdissante qui n'en finit plus de rester suspendue.

Et c'est pour ça que le foot est plus grand.

Cambodge, Battambang.

IL FAUT ÊTRE EN RETARD POUR LE DÎNER

Andrés Iniesta arrivait toujours en retard chez lui pour le dîner. Pourtant, il n'a pas dû rater beaucoup de rendez-vous dans sa vie. Toujours exact, précis, discret, toujours auteur de la passe parfaite, pas dans les pieds du partenaire, mais juste un peu devant, pour encourager le vif du jeu, la liberté de devancer et de créer. Jamais une fioriture de prétention, un dribble en trop, jamais une humiliation gratuite pour l'adversaire. Alors, c'est un joli retour des choses si c'est lui qui fait gagner l'Espagne, lui qui marque le seul but en finale du Mondial 2010. Comme si le foot avait choisi de récompenser son serviteur le plus humble et le plus subtil.

Tout en sobriété, son talent cependant éclabousse dès l'enfance. Il est vite doublement surclassé. Mais quand les recruteurs lui proposent d'intégrer la Massia, le centre de formation de Barcelone, les parents d'Andrés, inquiets, visitent le quartier, le trouvent mal famé ; il faut les rassurer. Non, le petit ne fera pas n'importe quoi. Il ne fera jamais n'importe quoi.

Mais tous les soirs, il arrive en retard pour le dîner. C'est plus fort que lui. Le foot est plus fort que lui. Il y a toujours quelque chose de plus à espérer, une façon nouvelle d'entamer une action, l'ivresse de sentir qu'on peut être intelligent autrement, un peu plus créatif encore, un peu plus rapide et collectif. Ce langage a été inventé pour lui, cette façon d'être ami avec les autres sans mots, sans phrases, cette façon d'être ensemble et à la fois délicieusement seul, d'ouvrir un espace infini par une feinte, une vivacité de tout le corps, une complicité différente.

Bien sûr il se fera gronder pour ça, et c'est normal. Une sensation si extraordinaire ne peut être que défendue. Mais lui, qui respecte tant la vie, les autres, sait qu'il y a un mystère à inventer, une vérité. Qu'il faut être en retard pour le dîner.

Mozambique, Maputo, quartier de Mafalala.

France, Paris.

POUR FAIRE LA CLAMEUR

Pour faire la clameur du stade, il faut ouvrir la bouche et aspirer très fort. Ce n'est pas dans un vrai match, mais quand on joue sur un but, à trois ou quatre, en changeant de gardien. On imagine qu'on fait la demi-finale de Champion's League Paris Saint-Germain-Real Madrid. On a la balle et on commente soi-même l'action : « Neymar déborde, centre pour Mbappé qui reprend de volée. But, but pour Paris Saint-Germain ! »

C'est là qu'on salue l'exploit par une longue clameur. On fait ça quand il n'y a pas d'adultes dans les parages pour entendre. Pourtant, on sait bien que ça les ferait sourire, qu'eux aussi ils ont fait ça quand ils jouaient au foot et qu'ils devaient crier : « Formidable changement d'aile de Platini qui trouve Rocheteau démarqué ! » Si on ne faisait pas la clameur, le jeu serait beaucoup moins fort.

Jouer au foot, ce n'est pas seulement jouer au foot. C'est imaginer qu'on rend heureux des dizaines de milliers de spectateurs, des millions de gens rassemblés devant leur téléviseur. On se moque presque un peu de soi en poussant cette immense clameur, ça veut dire : en apparence je sais bien que je suis seulement un enfant, un adolescent qui fait semblant.

Qui fait semblant ? Non, c'est un peu incroyable, mais au moment où on dit « Kylian Mbappé reprend du plat du pied », on est vraiment Kylian Mbappé, et peut-être même davantage Mbappé que Kylian lui-même. Difficile à expliquer, mais on sait que le joueur serait d'accord, que la magie du foot est là. À la seconde où il voit le ballon pénétrer dans la cage et soulever le filet, Kylian redevient l'enfant qu'il était, celui qui rêvait de marquer un but en Ligue des champions. Mais il devient aussi tous les enfants d'aujourd'hui qui vont reproduire son action, l'idéaliser, la purifier. Sans ça, ça ne vaudrait pas la peine.

Bien sûr, tout à l'heure, Kylian donnera deux minutes d'interview à un journaliste de la télé, dans un petit espace ménagé sous les tribunes, et il dira : « C'est pour faire des matchs comme celui-là qu'on fait des sacrifices, qu'on veut devenir footballeur. » C'est drôle : quand les sportifs sont interrogés, ils parlent toujours de sacrifices, comme s'ils avaient à cœur de dire qu'ils méritent d'être là, que tout n'est pas si facile dans leur vie. On le sait un peu. L'entraînement est dur, Kylian relève de blessure, et puis tout va si vite dans une carrière de footballeur, on ne s'appartient pas vraiment, un jour on est un dieu, un mois après on reste sur la touche. La seule chose dont on est sûr, c'est qu'aujourd'hui on a vécu cette clameur du stade, qu'autrefois on la mimait en ouvrant grand la bouche, en respirant très fort, et que la fausse clameur valait bien la vraie.

LA SOLITUDE DU GARDIEN

C'est fort, d'être gardien de but. On est très important pour toute l'équipe, mais on reste quand même un peu solitaire. Il faut donner confiance aux autres, il faut que les défenseurs n'hésitent pas à vous passer la balle s'ils sont pressés par les attaquants adverses. À ce moment-là, on est vraiment intégré à l'action, et on fait semblant de trouver ça normal, mais en fait on a très peur, car la moindre maladresse, la moindre passe trop faible deviendrait une catastrophe. Et le plus dur, c'est de sentir exactement quand il faut sortir de sa surface de réparation, pour intercepter un lancement en profondeur, à la limite du hors-jeu. On court très vite, on est obligé de jouer la balle au pied. Parfois, quand le danger est trop grand, on dégage très fort un peu n'importe où. Mais quand on a le temps d'assurer une passe précise, on revient encore plus vite vers son but, avec la grande satisfaction du devoir accompli.

Naturellement, on préfère plonger, surtout en hauteur, pour détourner un ballon qui prend la direction de la lucarne. C'est très spectaculaire, on surgit comme un diable de sa boîte, mais en fait on avait bien anticipé, en regardant la position du tireur, l'ouverture de son pied. C'est très gratifiant aussi de sauter plus haut que tout le monde pour cueillir la balle sur les corners. Le plus désespérant, c'est quand un tir est détourné par un partenaire. On est pris à contre-pied, et on se sent un peu idiot, même si on n'y est pour rien.

Autrefois, les gardiens ne s'éloignaient guère de leur ligne de but et ne s'aventuraient jamais en dehors de leur surface de réparation. On a souvent vu des photos de ces goals s'envolant à l'horizontale ou en plongeant, casse-cou, dans les pieds des attaquants. Les gardiens en ce temps-là étaient des personnages un peu romantiques, des aventuriers sans peur, souvent aussi mythiques que les avants-centres.

Mais aujourd'hui aussi, c'est bien d'être gardien. On fait davantage partie du jeu, parfois on s'avance jusqu'à la ligne médiane. Et quand on est menés à trois minutes de la fin du match, on n'hésite même pas à monter jusqu'au point de penalty adverse, pour le corner de la dernière chance.

Tanzanie, île de Zanzibar, Jambiani.

PILÉ, ARRÊTE MON TIR !

Zizi, Vava... Souvent, les joueurs brésiliens ont été désignés officiellement par leur surnom. C'est comme s'ils avaient revendiqué une image familière, enfantine, appelant une forme de proximité et d'affection. Pour le plus célèbre d'entre eux, pour celui qui reste aux yeux de beaucoup le plus grand footballeur de tous les temps, pour Pelé enfin, cela semble une évidence. Comment aurait-on pu l'appeler par son vrai nom, Edson Arantes do Nascimento ?

Le petit Edson accompagnait son papa footballeur aux entraînements du club de Vasco de Gama. Il avait quatre, cinq ans, déjà il jonglait avec un ballon comme un chat avec sa pelote de laine. Déjà, il attirait l'attention du gardien de but, Bilé, dont il détournait le nom : « Pilé, Pilé, arrête mon tir ! » Cela faisait rire tout le monde, et bientôt on l'appela Pelé. Pelé, c'était à peine un surnom, plutôt une façon de saisir au vol une passion absolue, l'obsession d'un gamin d'entrer dans la cour des grands, d'y manifester déjà un talent incroyable. Pelé. Dans ces deux syllabes, il n'y a que du foot, la volonté d'un enfant d'être déjà par le seul football bien plus que le fils de son père. Bilé devait stopper avec une gentillesse amusée les tirs de ce gamin qui jouait avec un ballon beaucoup trop gros pour lui. Et bientôt, tous les gardiens du monde ne pourraient plus qu'effleurer les shoots de Pelé. Pelé, un nom comme un jeu, pour celui qui allait devenir le roi du jeu.

Tanzanie, île de Zanzibar, Jambiani.

LE PETIT THÉÂTRE DU DIMANCHE

Début des années soixante. On n'avait pas encore la télévision.

Mon frère, ma sœur avaient quitté la maison déjà. Il y avait une mélancolie particulière du dimanche après-midi. J'avais douze ans, treize ans. Je m'asseyais devant le volumineux poste de radio, dont le petit œilleton couleur verveine ne s'allumait pas tout de suite. Un tissu guilloché de filaments argent cachait le haut-parleur, et ça faisait comme un écran, bientôt traversé par des voix si proches, qui semblaient sourdre de l'appareil lui-même. Radio Luxembourg. Tout d'un coup la voix fraîche et enjouée de Nicole, présence féminine de l'assistante séductrice, seule dans un monde très viril où l'animateur donnait la parole à des envoyés spéciaux disséminés dans l'Hexagone. Je me souviens du nom superbe de Jacques de Ryswick, associé à une syntaxe étonnamment soutenue : « Van Sam cherche un partenaire démarqué, le trouve en la personne de Magny. » Il pouvait être aussi question de *la domination toute platonique des Phocéens*... Cette recherche dans le langage associée à la clameur décalée de la foule en fond sonore donnait au foot un prestige dominical.

Auditeur caressé et conquis, j'étais pris au sérieux. Radio Luxembourg venait habiter ma préadolescence, donnait au Championnat de France une intimité douillette à laquelle il ne manquait même pas la petite badinerie sensuelle avec Nicole, supposée béotienne en matière de football, et qui loin de se formaliser de cette condescendance s'en amusait complaisamment, avec ce timbre de voix qui lui valait sa présence au pays des hommes. Charmé, je gardais pour moi seul ce petit théâtre de courtoisie et d'enthousiasme, sans même être tenté de demander ce que signifiait *phocéen* – pour *platonique*, je pouvais deviner.

Madagascar, Anakao.

Italie, Rome.

MAGIE DE LA RADIO

Le foot à la radio est extraordinaire. On l'écoute en fraude, sous les draps, avec des oreillettes. Parfois on a eu droit à la première mi-temps à la télévision, mais, déjà, 21 h 45 c'est un peu tard, car le lendemain il y a école. On écoute le commentaire du journaliste de la radio ; c'est comme une espèce de croquis simplifié de l'action, mais on imagine le reste, on sait qu'il pleut à Anfield, on connaît la couleur des maillots, on entend les supporters anglais qui chantent. On entend aussi la rumeur qui monte et décroît, et on perçoit l'intensité du jeu avec un petit décalage par rapport aux phrases du speaker. Quand il y a but, on le sait avant même les mots du journaliste, qui sont noyés par l'explosion de la foule. Même chose quand il s'excite un peu trop, et qu'on a déjà compris que l'occasion est manquée – la vague est tombée bien avant que la phrase n'indique l'échec du tir.

Ce qui est agaçant, c'est que les commentateurs sont plusieurs, et qu'ils partent dans des analyses très éloignées du jeu, et même des blagues entre eux tout à fait incompréhensibles. Alors, il faut se résigner à deviner, en espérant un « Je vous coupe la parole ! » qui tombe toujours dans un moment décisif.

Mais dans l'ensemble, on aime bien les journalistes du foot qui nous accompagnent dans la nuit. On aime sentir la paix de la chambre au cœur de toute cette excitation. Quand le match est fini, on est heureux ou triste, mais on fait défiler les séquences imaginées dans un grand cercle de feu qui se met à tourner de plus en plus vite. Demain, le réveil à sept heures moins le quart sera dur, mais ça valait la peine.

Brésil, Icaraizinho.

PARC DES PRINCES

Commentateur des matchs du Racing et du Stade français notamment, Jacques de Ryswick prononçait souvent trois mots qui me semblaient mirobolants : *Parc des Princes*. Je n'habitais plus l'école de Louveciennes mais celle de Sèvres. Je fus grandement surpris quand mon père me dit que ce temple du foot se trouvait tout près de chez nous. Un court trajet de bus jusqu'à Pont de Sèvres, quelques stations de métro : en consultant le plan de Paris, je confirmai bientôt la proximité de cette destination qui me semblait irréelle. Les trois mots *Parc des Princes* n'y étaient pas pour rien. Ça ne pouvait pas être seulement le nom d'un stade, mais celui d'un lieu surnaturel flottant à la fois dans le temps et dans l'espace. Un *parc*, comme celui de Versailles ou de Marly, des allées solennelles dans un vert profond, des robes, des saluts, de longs silences intimidants. Et, dans cet écrin, des princes du grand siècle dont les visages se confondaient avec ceux d'Alfredo Di Stéfano ou de Raymond Kopa.

L'année de mes quatorze ans, l'autorisation parentale d'aller seul un dimanche après-midi au Parc des Princes me parut stupéfiante et parfaitement imméritée – je ne faisais pas grand-chose en classe, et m'apprêtais à redoubler ma troisième. Il y avait ce jour-là le derby parisien entre le Racing et le Stade français. Pas d'équivoque pour le trajet à suivre : des milliers de gens convergeaient vers le Parc. Le Parc. La première image vint conforter le mythe. Une structure qui me parut immense, curieusement ajourée – entre chaque rang de gradins, on pouvait distinguer l'intérieur, comme coupé en tranches. C'était le même stade que celui de la première finale de Coupe d'Europe Real Madrid-Stade de Reims. Le nouveau Parc avec sa coque bétonnée fermée ne surgirait qu'en 68. Dans l'arène, l'installation progressive des spectateurs donnait une sensation de vertige, avec des mouvements contradictoires mêlés à une rumeur encore légère – on jouait en lever de rideau un tour de la Coupe nationale des cadets entre ceux du Sud-Est et ceux du Nord – mais qui me sembla assourdissante et presque hostile.

Parc des Princes : je me répétais ces mots en découvrant le terrain si parfait, encerclé par l'anneau rose du vélodrome avec ses deux virages incroyablement penchés. À la fin du match des cadets, il y aurait une course de cyclistes derrière derny, avec ces curieux conducteurs gainés de cuir dressés sur leur machine et protégeant l'effort des pistards aux silhouettes ramassées en boule. Parc des Princes. Je pénétrais l'enjeu du match des cadets, incrédule à l'idée qu'après cela puisse être mieux encore, tant le niveau technique et collectif me paraissait flamboyant, comme les couleurs des maillots, des chaussettes, des shorts.

Mais ce fut mieux, tellement plus fort, avec l'incarnation de ces noms que je lisais dans *L'Équipe* : Petit, Sénac, Peyroche, Carnus, Varini, Van Sam, et dont je voyais les photos dans *France Football*. La Stade français a battu le Racing 3-2 ce dimanche-là. Au fil des minutes, j'ai senti que le Parc pouvait devenir un incroyable chez-moi. Et j'ai apprivoisé l'idée que mes dimanches préférés porteraient désormais le nom de Parc des Princes.

Maroc, Ouarzazate.

LES COMMENTAIRES IMAGINAIRES

Même tout seul, on peut s'inventer un match. Le jouer et le commenter en même temps. C'est mieux pour commenter : on ose vraiment se lancer dans des phrases longues, sans peur du ridicule – quand on est avec des copains, on se contente plutôt de lancer le nom des joueurs et d'imiter la clameur de la foule. Devant un mur où l'on se figure les buts on fait rebondir le ballon comme si c'était une passe, un centre, ou un coup franc. On imagine les interceptions, les contre-attaques. Quand quelqu'un passe, on se tait.

Mais cette façon de se lancer dans des commentaires d'un match imaginaire, on se rend compte qu'elle vous poursuit, vous accompagne même sans ballon, sans but où simuler les actions. C'est un peu comme pour une chanson qui vous obsède et chante dans la tête tout le jour. En s'habillant le matin, et plus encore en s'allongeant dans son lit le soir, on se surprend à commenter un match, à faire défiler les images. Souvent, c'est une bonne manière de trouver le sommeil : les séquences de jeu se mettent à tourner, on ne fait plus que balbutier du bout des lèvres. Quand le cercle des occasions devient trop rapide, presque insaisissable, c'est là que l'on s'endort.

Italie, Venise.

Maldives, Malé.

JOUER AUX BOUTONS

Sur les écrans d'ordinateurs, sur les téléphones portables, les enfants accèdent à des jeux de football sophistiqués, où l'on commande les actions, où l'on assiste à des célébrations de but personnalisées. Toutes ces technologies innovantes devraient rendre dérisoires les jeux de foot qui les ont précédées.

Il n'en est rien. La rigidité mécanique du baby-foot, avec sa rapidité vertigineuse et ses à-coups brutaux, n'en semble que plus savoureuse, liée à la rumeur des conversations de café proches. Le Subbuteo, où des joueurs minuscules juchés sur des demi-sphères sont déplacés par petites pichenettes, conserve un prestige particulier : l'interdiction d'effectuer plus de trois contacts sur le même joueur impose la nécessité d'une stratégie collective dont tous les mordus de ce jeu s'accordent à reconnaître qu'elle est une très exacte reproduction de l'intelligence footballistique.

Plus étonnant : les enfants adorent encore transformer en terrain la table de la salle à manger, et jouer avec des boutons – oui, des boutons de couture à fond plat qui glissent sur la surface et tentent de diriger le ballon, un petit bouton de chemise auquel on peut donner des effets en le frappant sur le côté. C'est alors particulièrement génial de commenter, de personnifier les évolutions de ces ronds qui perdent toute abstraction, obéissent à un imaginaire étonnant, d'autant plus convaincant qu'il s'appuie sur une réalité sommaire transcendée. Et c'est l'essence même du jeu qui s'exprime alors. Une magie qui vient de soi.

Sri Lanka, Kandy.

PLUS JAMAIS LE DERNIER

C'est pour ça qu'on a voulu devenir bon au foot. Pour ne plus être le dernier qu'on choisit, quand on se retrouve à une quinzaine sur le terrain de hand, à côté du collège. On est trop nombreux pour faire seulement des actions sur un but. À un moment, il y a un grand qui lance «Allez, on fait les équipes!». Il y a toujours deux capitaines à peu près incontestables. «Pied dessus franc!» Ils se font face, s'éloignent d'une dizaine de mètres, puis se rapprochent pied à pied. Le vainqueur choisit le premier. On a très envie de jouer, mais c'est humiliant de savoir qu'on va devoir attendre longtemps, et qu'on sera désigné par défaut tout à fait à la fin. Le grand chef se fait magnanime. «Allez, avec moi.»

Il n'a pas le choix. On déteste son ton résigné, faussement protecteur. Alors on se promet qu'un jour ça changera. Rentré chez soi, on s'entraîne comme un fou à jongler, et puis à s'inventer des matchs où l'on joue les premiers rôles. On sent que l'on progresse, mais ça met longtemps avant que les autres s'en rendent compte, vous fassent des passes. Pendant des mois encore, on se démarque inutilement, la mort dans l'âme, en courant dans le vide. Et puis un jour tout change. On est la seule solution, à l'aile. On voit la balle arriver, miracle! On fait un bon contrôle, un centre en retrait, et but. On sent qu'on ne sera plus jamais choisi le dernier.

Madagascar, Anakao.

LE CLASSEUR PRESQUE COMPLET

C'est un peu comme si ça faisait partie de la rentrée des classes, le classeur Panini. On a vu les classeurs en tête de gondole, à côté des journaux. Il y a celui sur la Champion's League, et celui sur le Championnat de France. Cette année, on a bien envie de celui sur la Champion's League, car on sait qu'il y aura presque tous les meilleurs joueurs du monde. Ils jouent dans les clubs d'Angleterre, d'Espagne, d'Italie, de France, d'Allemagne. Le classeur est volumineux, mais il ne coûte pas cher. Après, on le sait bien, il faudra une longue patience pour le remplir avec des pochettes d'images achetées séparément. Cela paraît presque impossible, mais c'est ça qui est bon. On fait les courses de rentrée, les cahiers, les stylos-feutres, les copies perforées grand format, petit format.

Le classeur de foot a sa place dans tout ça, il fait partie de cette année immense qu'il faut prévoir et dont on ne sait à peu près rien. Il y aura des images en double, évidemment. On les échangera avec des copains : l'image de Mbappé contre deux remplaçants de l'Atlético de Madrid. Ce sont des images statiques, juste la tête du joueur, son buste et le haut de son maillot, mais il y a des renseignements au dos, la date de naissance, le poids, la taille, le club formateur, le nombre de sélections. Certaines équipes ont déjà été éliminées au premier tour de la compétition quand on les découvre, à la fin du mois d'août. Dans son lit, le soir, on reprend le classeur : dix images déjà de Monaco, seulement quatre du Real Madrid, on a des points forts et des failles, c'est ça qui fait que c'est une collection, la nôtre. Sur la plupart des photos, les joueurs ne sourient pas, ils attendent comme nous de savoir leur destin. Beaucoup de gens disent que maintenant la Champion's League est la plus grande compétition, plus grande que le Mondial, parce que tous les meilleurs joueurs du monde se sont essaimés dans les plus prestigieuses équipes européennes.

Ira-t-on jusqu'au bout du classeur Panini ? À la fin, quand il manque encore quelques vignettes, on peut les commander par correspondance. Mais c'est mieux de le garder avec quelques trous, qui mettent encore mieux en valeur la longue constance qu'on a eue de tenir le classeur.

SUR LE MUR DE NŒUX-LES-MINES

Chaque année, le Ballon d'or récompense les meilleurs footballeurs de la planète. Depuis 2018 a été créé un Ballon d'or pour les plus jeunes intitulé trophée Raymond Kopa. Kylian Mbappé en fut le premier lauréat. Raymond Kopa. Héros de l'équipe de France 1958, élu meilleur joueur de cette Coupe du monde que la France termina à la troisième place. Raymond Kopa, c'est bien, pour les jeunes. D'abord parce que Kopa fut avant tout un dribbleur et un passeur, quelqu'un qui savait s'amuser avec le ballon, mystifier l'adversaire, faire preuve de ce sens collectif qui profita tant à Just Fontaine, recordman des buteurs dans une Coupe du monde avec treize buts, un record qu'il sera difficile d'égaler. Et puis la façon dont Kopa a contracté enfant le virus du football nous parle. Fils de mineur, il habitait à Nœux-les-Mines. Le jardinet de la maison familiale était contigu au terrain de football communal. Raymond Kopaszewski – c'était son nom, qui fut raccourci plus tard pour mieux sonner dans l'imaginaire – grimpait sur le mur du fond du jardin et s'asseyait sur son faîte pour regarder les matchs de l'équipe de sa ville. Petit baron perché, dominant du regard ce qui serait l'essence de sa vie.

Il ne le savait pas encore. Adolescent, il s'était résigné à devenir mineur à son tour. Après tout, il y avait une fierté aussi à s'engager dans cette vie difficile, parfois tragique, qui suscitait le respect. Mais le destin ne l'avait pas voulu ainsi. Lors de l'une de ses premières descentes au fond, un éboulement avait failli l'ensevelir. Il l'avait échappé belle, mais sa main gauche avait été écrasée par un rocher. Il avait fallu l'amputer du pouce et de l'index. Dès lors, plus de mine possible, plus de fond.

Parallèlement, son talent chaque jour plus éclatant balle au pied l'avait conduit jusqu'à Paris, au Concours du jeune footballeur. Sa deuxième place nationale lui avait valu bientôt l'intérêt du SCO Angers, où il avait signé sa première licence professionnelle. Plus tard, il y aurait le Stade de Reims, le Real Madrid, pour celui que les Espagnols appelleraient le Napoléon du football.

Aujourd'hui, le stade d'Angers porte son nom. Raymond Kopaszewski, fils de mineur polonais, presque devenu mineur à son tour. Un petit garçon intrépide et rêveur qui vibrait aux matchs de Nœux-les-Mines, assis sur le mur du jardin, et semblait contempler à l'avance tous les terrains du monde, entendre les clameurs que son génie du dribble allumerait un jour.

Maroc, Tinghir.

France, Île de Ré.

L'ÉPICERIE ET LE CONTE DE FÉES

Les transferts tiennent une grande place dans la vie du foot. Certains joueurs sont vraiment liés à l'image de leur club. Mais cela n'empêche pas les journaux d'évoquer sans cesse la possibilité d'un départ. Leur fidélité même à une équipe d'origine est l'objet de transactions, de surenchères, de marchandages. C'est une fidélité qui s'achète et qui se vend, dans un curieux mélange entre l'épicerie et le conte de fées.

Les salaires des meilleurs joueurs de la planète sont mille fois supérieurs à la paye d'un travailleur lambda. C'est indécent. C'est aussi un peu ridicule. Les vedettes du football le sentent bien. Il y a un décalage énorme entre leur fortune et leur aisance à vivre dans la fortune. Quand elles donnent une interview à un journal, ce n'est jamais chez elles – comme si elles avaient un peu peur et un peu honte. Peur d'être cambriolées, honte de leur incompétence à installer chez elles une atmosphère personnelle. « Nous l'avons rencontré deux heures dans le salon d'un hôtel paisible, non loin de sa demeure. »

On sait bien que la plupart des joueurs sont généreux avec leur famille ou des œuvres caritatives. Mais il reste beaucoup d'argent. Trop. Et l'on sent bien que ce trop-là ne les rend pas heureux. La récompense ultime de leur parcours miraculeux est à la fois ce qui les couronne et les trahit. Comme dans une chanson d'Alain Souchon, ils ont le vertige sur leurs grandes jambes de bazar. Être trop riche, c'est tellement moins grand qu'avoir des rêves d'enfant.

Madagascar, Ifasina.

Madagascar, Tananarive.

LE FOOT À LA VÉNITIENNE

À Venise, c'est bien. Pas de voitures. Les places ne sont pas traversées par les patinettes, les vélos. Bien sûr, on n'ira pas jouer au foot sur le Campo San Marco, mais dans des endroits plus tranquilles, vers l'*Arsenale*, Campo San Francesco della Vigna, ou dans le quartier San Polo, Campo San Giacomo dall'Orio. On se parle par gestes, on ne connaît pas l'italien. Mais tout de suite on tombe d'accord pour jouer ensemble. On fait les buts avec les tee-shirts, les maillots qu'on enlève. Il fait si chaud, mais il y a l'ombre des platanes et, surtout, la fontaine au bout de la place, juste avant les tables du café. À San Giacomo comme partout ailleurs dans Venise, le sol est dallé, parfaitement plat, et presque doux, usé. À côté, d'autres enfants dessinent sur les dalles avec des craies de couleur, mais on ne les dérange pas.

Ça paraît incroyable d'être venu à Venise en touriste avec ses parents et de pouvoir devenir vraiment un enfant du Campo San Giacomo dall'Orio, simplement parce que le foot est une langue commune. On n'aurait pas imaginé de partager un autre jeu. Mais on a le maillot ciel et blanc de Maradona, le maillot *blaugrana* de Messi à Barcelone. On se comprend.

ITALIE, VENISE.

ITALIE, VENISE.

ITALIE, VENISE.

MON FRÈRE LE MARTIEN

C'est un film de Jean-Christophe Rosé et Benoît Heimermann, *Maradona, un gamin en or*. On y trouve des images d'archives. Un reportage très ancien dans la maison d'enfance de Diego, au tout début de sa gloire. On y voit un de ses petits frères, cinq ou six ans au plus, jongler magnifiquement avec un ballon trop lourd pour lui. Le journaliste s'approche, pose la question facile : « Plus tard, toi aussi tu voudras jouer comme Diego ? » Mais la réponse est moins convenue, et tombe avec un masque grave : « Mon frère est un martien. »

C'est un de ces mots d'enfants qui remettent les adultes à leur place – en l'occurrence, celle d'une situation conventionnelle, abordée avec une assurance stéréotypée et condescendante, une attention qui se voudrait flatteuse et ne devrait provoquer qu'une réponse aussi prévisible.

Mais voilà. « Mon frère est un martien. » La phrase elle-même tombe de la planète Mars. Ce petit frère, manifestement fou de football lui aussi, sait à cinq ans ce qui sépare un estimable talent du vrai génie. Cela n'altère sûrement pas son amour pour le foot, et lui donne peut-être davantage de valeur. Mais, en une seconde, il restitue les perspectives, et trouve la formule pour dire l'inexprimable, le secret d'un langage du foot qui tient du miracle. Un mystère qu'aucune méthode de lecture ne saurait épeler.

Canada, Nunavut, Iqaluit.

AU BORD DE L'OCÉAN BLEU MENTHOLÉ

À Qaanaaq, au Groenland, l'herbe ne pousse pas. Il fait trop froid. Le terrain de foot est en terre durcie par le gel. À quelques mètres du but, il y a des croix frêles, quelques fleurs artificielles à leur pied. Le cimetière n'est pas clos. Certains shoots à côté de la cage renversent parfois une croix, et c'est toute une affaire de la replacer dans le sol dur. La partie s'interrompt, mais ici le temps ne compte pas. On lève les yeux, on est au bord de l'océan Arctique, d'un bleu de menthe glaciale, avec quelques petits icebergs essaimés çà et là. Pour l'étranger, c'est un lieu improbable, à la fois céleste et funèbre, on ne sait pas si l'on y tremble de lumière ou de froid.

Mais les autochtones se réchauffent en jouant au foot. Ils sont fiers de leurs buts, de vraies cages comme on en voit dans les meilleurs championnats des pays tempérés. Les adolescents qui jouent à Qaanaaq rêvent-ils de devenir professionnels, est-ce pour eux une manière de fantasmer un départ ? Mais peut-être au contraire leur plaisir de jouer au football est-il une sagesse, et révèle un accord profond avec leur vie de jeunes Groenlandais. Ici aussi on sait pratiquer le une-deux, le petit pont, le coup du sombrero. Ils savent que partout sur la planète on parle le langage du football, et après tout ce n'est pas mal ici, même si les chutes sont cruelles sur le sol rugueux.

Le soir, il fait un peu trop chaud dans les petites maisons de tôle, on est si près des siens, parfois on peut voir un match à la télé, tous ensemble serrés, blottis contre le froid qui menace mais protège aussi. On prononce des noms de footballeurs ; ils sont devenus familiers et restent si lointains. Ce qui compte, c'est qu'ils donnent encore davantage envie de jouer. À Qaanaaq, au bord de l'océan bleu mentholé.

GROENLAND, QAANAAQ.

UN HÉROS ET UN COPAIN

Ça se passe à Maputo, au Mozambique. Autrefois, Maputo s'appelait Lourenço Marques, mais le quartier a gardé le nom de Mafalala. C'est là qu'est né Eusébio, le plus grand joueur portugais de tous les temps. L'époque des colonies portugaises semble déjà loin, mais si le football s'inscrit dans l'histoire, il n'hésite pas à la dépasser. Pour un petit prodige de Lourenço-Marques, cela semblait un destin logique de se retrouver un jour dans l'équipe du Benfica Lisbonne des années soixante, et dans l'équipe nationale du Portugal. *La Perle du Mozambique* : c'est le surnom que l'on donnait à Eusébio, et cela prêtait à son talent une origine exotique et magicienne. Attaquant magnifique, à la fois collectif et décisif, Eusébio emmènera le Benfica jusqu'à la victoire dans la Coupe d'Europe des clubs champions, et l'équipe nationale jusqu'à une très inespérée troisième place dans la Coupe du monde 1966.

Plus de soixante ans après, on en rêve toujours à Mafalala. Le quartier est pauvre, cerné de baraques en tôle, de voitures bricolées. Les buts sont sans filet, et la peinture blanche s'est effritée sur leur structure métallique rouillée. Des enfants jouent là, pieds nus, en bermuda et en tee-shirt, d'autres les regardent, et l'un d'eux s'est suspendu au but. Il y a des pans de mur en béton qui délimitent des ruelles. On les a peints de scènes dynamiques et colorées, un toréro exécutant une passe avec sa muleta, un gymnaste aux anneaux. Sur la troisième, la plus proche du terrain, on voit deux joueurs de foot. Hilário da Conceição, accroupi devant un ballon, et, à côté, sautant de joie, Eusébio. On reconnaît le maillot du Benfica et celui de l'équipe du Portugal. Le dessin est naïf, et l'on n'aurait pas reconnu Eusébio si son nom n'était pas écrit en élégants caractères en haut de la fresque.

Eusébio. C'est important, plus de soixante ans après, de jouer à côté de la fresque d'Eusébio. Elle ne se détache pas, s'est intégrée dans le décor. Eusébio, c'est un enfant de Maputo, qui a dû jouer comme eux pieds nus dans le sable. Mais Eusébio c'est une idée aussi, l'idée que Maputo, avec ses tôles, ses pneus crevés abandonnés, n'est pas si éloignée de la gloire. Il y a peut-être une chance infime pour qu'un de ces enfants devienne un autre Eusébio. Mais même si ce n'est pas le cas, l'image de *La Perle du Mozambique* est une présence protectrice et encourage à trouver le bonheur dans le seul fait de jouer, de faire de l'envie de jouer au foot un langage éternel. Eusébio, c'est à la fois un héros et un copain, qui fait une passe dans le sable de Mafalala.

Mozambique, Maputo, quartier de Mafalala.

Mozambique, Maputo, quartier de Mafalala.

JONGLER SA VIE

Seul le soir dans une cour d'école désertée par les enfants. C'est là que j'ai commencé à jongler avec un ballon. Pour ne pas être ridicule quand le Club du jeudi nous proposait une partie de foot. Et puis pour devenir presque bon. C'est une activité étrange. On peut jongler avec les pieds, les cuisses, la tête, et toute surface du corps qui ne soit pas les bras ou les mains. Pour quelqu'un qui n'a jamais essayé, cela paraît compliqué, mais il suffit de s'entraîner un peu pour y parvenir, d'abord de manière un peu crispée, rétive, et puis bientôt plus paisiblement, d'y manifester une souplesse inespérée qui permet de reculer l'échéance – la chute du ballon sur le sol. C'est une sorte d'apprivoisement de l'espace, qui ressemble davantage à une activité de cirque qu'à un sport.

Pourtant, la Fédération française de football organisait naguère un championnat de jonglage destiné aux jeunes. Et l'habileté au jonglage est toujours une référence dans le milieu footballistique. Invité à parler de l'habileté de Zinédine Zidane dans cet exercice avec une balle de tennis, Michel Platini laissait tomber du haut de sa perfidie désinvolte coutumière que « Maradona faisait la même chose avec une orange ». Petits combats de coqs des dieux du ballon rond.

Il est de tradition de dire que la maîtrise pour jongler n'augure en rien de l'efficacité du joueur. Certes, cela ne garantit pas le talent pour courir, se démarquer, avoir une vision du jeu, le sens du collectif. Mais l'aisance à manier la balle est quand même capitale pour qui prétend jouer au foot.

Et puis il y a un plaisir spécial du jonglage. C'est comme une sorte de football égoïste. Commencer à réussir des jongles, c'est en même temps rêver à des stades impossibles et lointains, remplis d'une foule enthousiaste. Seul dans la cour d'école de Louveciennes, j'ai jonglé mon rêve de foot. Une bonne solitude, qui promet la rencontre avec les autres. Un jour, on sera aimé. C'est pour ça qu'on est seul et si bien d'être seul dans une cour d'école.

Madagascar, Anakao.

Madagascar, Fianarantsoa.

Maroc, Sidi Ifni.

LE CHARME DU *FIVE*

Le *five*. C'est comme ça, avec ce nom anglais, qu'on appelle le mini-terrain, juste à côté du terrain d'honneur. *Five*, parce que c'est fait pour jouer à cinq contre cinq, en principe, plutôt cinq adultes, cinq U16, ou U18. Les plus petits, on peut y jouer jusqu'à huit par équipe, mais c'est vrai que le jeu est meilleur, plus clair, quand on se limite à cinq.

Le plus difficile, c'est de trouver un moment où le terrain est libre. C'est drôle, parce qu'il y a tout autour des terrains annexes où on joue des matchs, où on s'entraîne, mais ces terrains-là ne sont jamais occupés pour le loisir. Mais le *five* fait envie à tout le monde, surtout avec les grands qui viennent avec leur mobylette, leur scooter. Il faut dire qu'il est beau, avec sa pelouse synthétique vert brillant – en fait, le sol est dur, et les gardiens ne doivent pas y faire de plongeon. Les buts sont un peu plus grands que des buts de hand. Ils sont surmontés par de hauts filets qui empêchent le ballon de sortir. Tout le terrain est ceinturé par une barrière compacte. Il n'y a pas de touche, on peut utiliser les côtés, ça fait comme un une-deux pour éliminer un adversaire.

On se sent bien sur ce terrain, on est comme dans un cocon, protégé du reste du monde. On est dans un endroit moderne ; les lignes blanches des surfaces de réparation se détachent et restent parfaites. C'est plus facile de se démarquer que sur un vrai terrain parce qu'on s'essouffle moins vite. On peut aussi prendre le risque d'attaquer et de se replier juste après sans trop s'épuiser. Le *five* est comme un objet précieux, un espace miniature où tous les détails sont faits pour le plaisir du foot. Le foot en concentré, c'est encore mieux.

Maroc, Tanger.

REPLAY IMAGINAIRE

Les grands joueurs peuvent revoir beaucoup d'actions qu'ils ont effectuées, beaucoup de buts qu'ils ont marqués. Des replays de matchs entiers, mais aussi des sélections de moments intenses ou décisifs, ou particulièrement virtuoses. S'ils atteignent les sommets de la gloire footballistique, il y en a beaucoup trop. Les consulter régulièrement relèverait d'un narcissisme passéiste un peu ridicule, presque dégradant.

Mais les jeunes enfants que la télévision n'a pas filmés gardent une trace ineffaçable de leurs meilleurs moments de foot. Personne ne se moquera d'eux pour autant. Très vite, ils comprennent qu'ils ne doivent pas soûler leurs copains ni même leur meilleur ami avec le détail de l'action qui les a rendus heureux. C'est toujours indécent, ça n'intéresse jamais l'autre.

Et c'est bien mieux ainsi. C'est à garder à l'intérieur. Cette remise en une-deux immédiate et parfaite, ce contrôle orienté un peu chanceux qui fut à l'origine d'un but. Le soir, au moment où cela devient dur de trouver le sommeil, ce sont ces images-là qui défilent, si nettes, si menacées en apparence, mais possédées à jamais dans un film de mémoire plus magique de n'exister que pour soi. C'est drôle. Le foot est un jeu collectif, mais le meilleur en est inscrit à jamais dans une petite fortune égoïste qu'on fait défiler dans sa tête au moment de s'endormir.

Maroc, Amtoudi.

AVENTURIER DE L'INTERDIT

On est dans une location de vacances. Il y a un petit jardin, un espace d'herbe desséchée, à côté de l'étendoir à linge. On joue à un contre un, en s'efforçant de garder la balle à terre. Mais il y a un contre. On reprend la balle de volée, au moment où on s'imaginait qu'on était Manchester City et qu'on allait marquer contre le Real. On a oublié la prudence et ça y est, la balle est passée par-dessus le mur, chez les voisins. Les voisins, on ne les connaît pas, on ne les a même pas encore vus. On a entendu leur chien aboyer dans la journée, mais là ils ont dû le rentrer pour la nuit. Les volets sont encore fermés. On n'ose pas sonner. Le mur n'est pas bien haut, un mètre cinquante à peine.

– Tant pis, j'y vais !

On est fier d'avoir prononcé la phrase le premier, fier d'être l'aventurier qui va se risquer. Escalader le mur n'est pas difficile. Mais après s'être rétabli en haut, on se sent gagné par une bonne petite peur en découvrant le potager en contrebas. Et si le chien dormait dans un coin du jardin, s'il allait se réveiller ? Trop tard pour déchoir et renoncer. On saute, et ça fait beaucoup trop de bruit. On se sent les jambes toutes molles. On ne voit pas le ballon, d'abord. On finit par l'apercevoir dans un vieux rosier changé en églantier, mangé par les orties. On se pique, on s'écorche, on lance la balle à son partenaire, et cet imbécile crie bravo beaucoup trop fort. Le cœur battant, on se râpe les genoux en remontant le mur – de ce côté, c'est beaucoup plus dur. Enfin ça y est. On entend claquer les volets. On la joue modeste, sous un regard admiratif. On en était à 3-0 pour Manchester. On est le roi du monde.

Inde, Cochin.

UNE ÉLÉGANCE EN TONGS ET CHEMISETTE

    Partout en Afrique, du Maroc à l'Afrique du Sud, partout en Europe, des îles Lofoten au Portugal, partout en Amérique, du Canada au Chili, on joue au football. Partout en Asie aussi, où la culture footballistique est plus ancienne au Japon, en Corée, plus proche d'une façon européenne de concevoir le jeu. Plus récemment en Inde, au Pakistan, à l'île Maurice. Mais la minceur des jeunes joueurs s'y accompagne d'une élégance particulière. Ils jouent souvent en pantalon long, chemisette blanche, même si leurs pieds sont nus ou chaussés de tongs, ce qui nous paraît difficilement conciliable avec la maîtrise de la balle. C'est simplement leur seule tenue, sportive ou civile, d'école, de collège, où persiste une petite touche britannique, une connotation d'élégance qui prend, au cœur même du jeu, le charme, la nuance du détachement.

    Comme si c'était déjà une photo de leur jeunesse qui était prise à leur insu, une fièvre tranquille à retrouver en souriant dans un album.

Inde, Adimali.

UNE LIBERTÉ QUI SENT BON

À la fin des grands matchs, beaucoup de joueurs échangent leur maillot. C'est une habitude sympathique, et on est souvent surpris de voir un attaquant harcelé de près pendant toute la partie par le défenseur adverse, et qui spontanément lui propose l'échange de leur tunique à l'issue de la rencontre. Mais ce rite révèle une chose étonnante : ces maillots-là ne sont mis qu'une fois, pour un seul match. Bien sûr, certains maillots de certains matchs peuvent prendre une valeur considérable en rappelant un exploit, un but décisif dans une compétition capitale. Mais ils ne sont pas un bien précieux pour leur propriétaire. Ils peuvent les dilapider, car ils ne les ont investis que pour deux heures à peine.

On attache infiniment plus de prix au maillot de son club, le même qu'on enfile chaque dimanche. On joue en U15. Quand on passera en U17 l'année prochaine, on aura un autre équipement, d'une taille plus grande. Mais pour toute l'année c'est le même maillot qu'on retrouve chaque dimanche matin sur la table de la salle à manger, soigneusement plié, repassé par maman. On aime bien le petit tas parfait, le short et les chaussettes, le maillot par-dessus. On va quitter la maison, courir comme un fou sous la pluie, rentrer le soir avec une tenue de foot trempée aussi de sueur, davantage chiffonnée que pliée au fond du sac. Mais il y aura eu cette présence silencieuse et souvent invisible de maman, ses gestes pour préparer vos rêves de foot, cet encouragement à vous donner une liberté qui sent bon la lessive.

Brésil, Rio, favela Santa Marta.

Maroc, Tanger.

LES GEOFFROY ET LES REBELLES

Dans *Le Petit Nicolas*, Goscinny évoque une partie de foot entre Nicolas et ses copains. Il énumère les qualités de chacun, Eudes, Rufus, Maixent, Nicolas, en leur attribuant le style d'un footballeur célèbre. Mais arrivé à Geoffroy, qui a un papa très riche, le commentaire devient moqueur : « Geoffroy, dont les qualités ne rappellent personne, mais qui possède un équipement complet. » Et tout de suite on le voit, on imagine une silhouette un peu gourde, une attitude déphasée, embarrassée par le luxe de sa tenue, et qui devient ridicule dès qu'il essaie maladroitement de maîtriser le ballon.

C'est un peu étrange. Les grands joueurs de football sont riches à millions, mais les enfants qui jouent au foot ne sont pas dans le code quand ils révèlent l'arrogance d'une caste sociale aisée – surtout quand leur talent footballistique n'est pas à l'unisson. Il y a une mythologie rebelle du football. Les meilleurs sont presque toujours ceux qui restent dans la rue le plus longtemps, ou sur la plage, ou sur le terrain vague. Ceux pour qui les devoirs et les leçons restent une préoccupation mineure. Il n'est pas nécessaire d'être un apache pour se faire admettre dans les petits matchs en liberté, mais les Geoffroy sont d'emblée déconsidérés, et pas seulement pour leur niveau technique.

Le talent même qu'il faut manifester est à base d'esquive, de ruse, de mystification. Il accompagne une sorte de détachement, et presque d'insolence. La vivacité, la prestesse ne sont pas tout à fait du même ordre que dans le football plus musculaire pratiqué par les adultes, et même par les professionnels. Elles semblent indissociables d'une petite taille, d'une façon effrontée d'installer des rapports de force différents à la barbe des adultes, et de les laisser sur la touche.

Cambodge, Phnom Penh.

Inde, Cochin.

LES CHAUSSURES DES BROCANTES

Les chaussures de foot, on peut en trouver dans les brocantes. Souvent, elles ne sont pas du tout chères, surtout quand les vendeurs sont des parents de joueurs qui ont arrêté de pratiquer en club, ou simplement qui ont grandi. Il faut si souvent changer de modèle à cause de la croissance. Quand on voit quatre ou cinq paires de tailles différentes posées les unes à côté des autres, on sait qu'on les aura pour quelques euros.

La maman dit : « Les dernières, il a dû les mettre deux fois ! » Ils ont l'air un peu mélancoliques, les parents, à côté de ces chaussures disparates qui disent toutes les années passées à accompagner leurs enfants sur les stades, à les emmener à l'entraînement. Maintenant, les enfants ne sont plus là, et les parents passent leur dimanche à vendre dans une foire à tout ces objets révolus, cette passion qui s'est éteinte.

« Le grand, il a repris le foot l'année de sa licence, mais maintenant, avec son travail, il n'a plus le temps. »

Sur les brocantes, on ne trouve pas les maillots, ni les shorts. Ils appartiennent au club, et on les prête aux jeunes. Mais les chaussures, on les achète. En général, elles ont des crampons en plastique intégrés à la semelle, une apparence un peu coriace, un peu rigide. Mais c'est un sésame nécessaire pour jouer, car les matchs sont surtout d'automne et d'hiver, sur des terrains gras. Après la douche, les joueurs se succèdent à la petite fontaine pour faire tomber la boue.

Cinq euros ce n'est pas cher, on ne marchande même pas. On fait répéter le prix au papa et il hausse les épaules : « De toute façon, qu'est-ce qu'on pourrait bien en faire maintenant ? Je crois que je ne suis pas près d'avoir des petits-enfants en âge de jouer... »

Les chaussures de foot des brocantes mesurent ainsi à petit prix le passage d'une vie, d'une passion qui a pris toute la place et puis s'est évanouie.

France, Gujan-Mestras.

Maroc, Imsouane.

JUSTE APRÈS LA RÉCRÉ

Arriver le dernier en cours, tout rouge et tout suant, parce qu'on ne voulait pas perdre une seconde du petit match dans la cour, après la cantine. C'est drôle. On a encore la tête pleine de toutes les passes, de tous les tirs qu'on vient de faire. Et cependant, ce n'est pas si désagréable de se plier sans transition au rituel scolaire – prenez votre classeur, et ouvrez le manuel à la page 134.

On est encore tout essoufflé, pourvu que la prof ne vous fasse pas une remarque. Mais non. C'est un jeu de se soumettre très vite à autre chose, de mélanger la guerre d'Espagne au centre en retrait qu'on a réussi juste à la dernière seconde. Ce tableau de Picasso intitulé *Guernica*. C'est comme si on vivait deux vies à la fois ; on appartient au foot dans la cour entre les platanes, et pourtant on se plie au cours d'histoire, on y plonge même avec plaisir. Il y a une satisfaction étonnante à sentir que l'on a ce pouvoir de faire entrer le foot dans la dramaturgie du tableau de Picasso.

Brésil, Caetanos.

SOUDAIN SOUS LE SOLEIL

On a passé tout l'hiver, le samedi après-midi, dans le vent, le froid, la boue. Ballon lourd, crampons glaiseux. C'était dur, souvent, on avait un peu l'impression d'être englué dans le sol. Seul importait le sort du match, le classement du groupe 3 – quelquefois le remords d'un 6 en maths à annoncer, qui recommençait à courir, au retour dans les vestiaires. Et puis voilà, il fait beau et c'est comme si tous les matchs gris n'avaient été que pour celui-là. On est dans les U12 – avant, on appelait cette catégorie *poussins*. Parfois, c'est même avant Pâques, un samedi un peu fou. Bien sûr, on joue sur un terrain annexe, loin de la tribune, de la piste d'athlétisme déserte. Il y a juste quelques spectateurs en plus des parents, des entraîneurs, sur le bord de la touche, mais tout ce petit monde a eu envie de se trouver une bonne raison d'être dehors.

On a la sensation que les gestes ne sont plus seulement ceux du football. On est comme dans une cour d'école en plein espace, effervescente et joyeuse. Les cris d'encouragement ne sonnent pas comme en hiver. Corner, six mètres, orange à la mi-temps : tous les rites sont là, mais il y a quelque chose en plus, une lumière tiède, blonde. On joue sérieux sur le dégagement, on reste bien les pieds au sol jusqu'aux talons pour la remise en touche. On se sent bien, poussin sous le soleil.

Maroc, Marrakech.

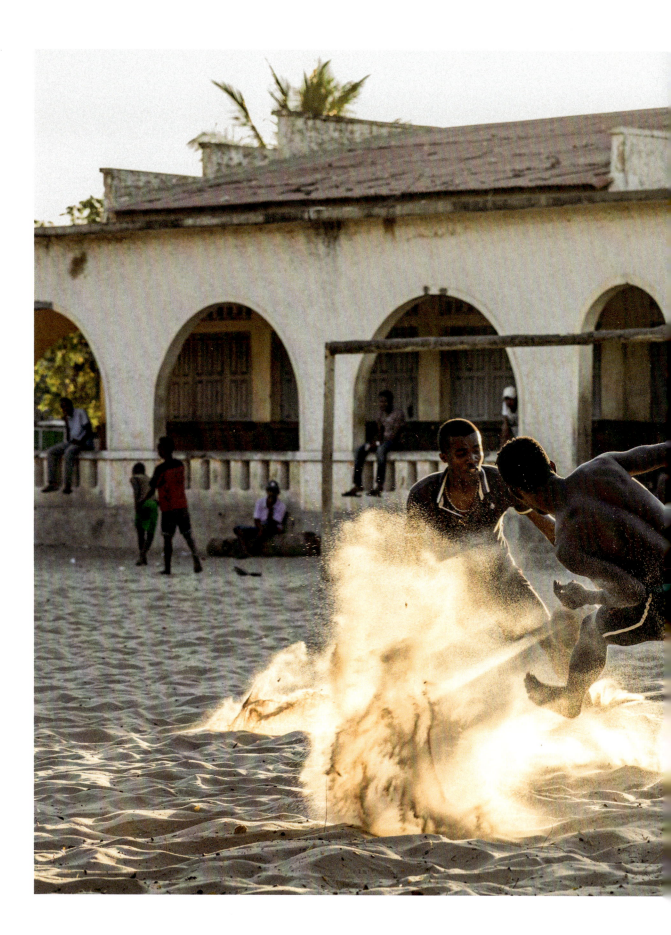

Madagascar, Morondava.

France, Saintes-Maries-de-la-Mer.

TIR DE L'ANGOISSE

Les tirs au but, c'est une angoisse. Rien à voir avec un penalty. Un penalty, ça peut être décisif, mais c'est dans le cours du match. Même s'il est raté, ce n'est qu'un incident, la vie continue. Il semble que les tirs au but ce soit exactement la même situation. On pose le ballon au même endroit sur le point blanc. On est en face du goal, de la même manière.

Mais les tirs au but, c'est à la fin des fins, après les prolongations, quand les corps sont épuisés, saisis de crampes. Ne reste que l'enjeu terrible, dans un cérémonial définitif. Souvent, les joueurs des deux équipes se rassemblent au centre du terrain, se tiennent par l'épaule, pendant que l'un après l'autre les tireurs s'avancent, condamnés à la réussite, terrorisés.

Ce qui est étonnant, c'est que même quand on est seulement deux avec un copain, et qu'on simule tout un scénario de match imaginaire, on arrive à se faire peur, au moment des tirs au but. On fait alternativement le goal et le tireur. On ne crie plus pour commenter l'action. On fait un beau silence, mais on imagine vraiment un kop hostile et déchaîné derrière la cage – et c'est presque plus fort qu'on n'entende plus le moindre bruit. On avance vers le ballon au ralenti. C'est comme si toutes les séances de tirs au but de tous les matchs que l'on a vus à la télé s'incarnaient dans un seul tir, le dernier, qui va décider du sort de la Coupe du monde. Je ne vais rien changer, le même intérieur du pied du côté gauche, je le réussis presque toujours. Mais je tremble à l'intérieur. Comment être sûr qu'on va savoir doser, ni trop fort, ni trop mou ? Le stade est immensément vide, et la Coupe du monde est à mes pieds.

LES TOURNOIS DE PÂQUERETTES

C'est la fin du mois d'avril, le championnat est terminé. Maintenant, jusqu'à l'été, il y aura seulement des tournois, comme à la Pentecôte. On viendra passer la journée entière sur un stade, avec un pique-nique dans le sac, une bouteille d'eau avec un petit filet de citron, c'est très désaltérant, des sandwichs au pain de mie, un avec du saucisson et l'autre avec du concombre, c'est frais et bon. Il fait beau, c'est magique. Assis en tailleur dans l'herbe, on regarde les autres matchs, on analyse le jeu des concurrents qu'il faudra surveiller de près. Mais on se dit aussi plein de bêtises, on rigole bien – c'est plus une fête de foot qu'une épreuve sportive. Quand on se déplie pour s'échauffer, on est un peu engourdi, il faut se secouer. Il y a des parents et des amis qui passent faire un tour le matin ou l'après-midi, on ne savait pas exactement leur dire à quel moment on allait jouer.

Les terrains ne sont plus seulement verts, mais blancs aussi à cause des pâquerettes – parfois la tondeuse a oublié quelques fleurs de pissenlit jaunes aussi, ça pousse très vite. Les pâquerettes se regroupent en larges taches, comme des îles blanches sur une mer vert pâle. Quand le soleil tape vraiment, qu'on est tous essoufflés, les pâquerettes éblouissent et donnent des vertiges ; en débordant sur l'aile, on se sent davantage dans une prairie que sur un terrain de foot. Avant la finale pour la troisième place, on joue au pouilleux. Tant pis si on ne gagne pas la coupe, on a passé un merveilleux dimanche de sandwich au concombre, de pâquerettes et de copains.

France, Massif du Meygal.

LA VIE PAR PROCURATION

Le football est tellement mythique qu'avoir un rapport même éloigné avec un joueur qui a côtoyé le haut niveau est en soi une aventure, une satisfaction, une fierté. Dans mon village normand, l'entraîneur du club, longtemps joueur-entraîneur, s'appelait Christian Tihy. Il était en même temps animateur sportif dans les écoles. Un garçon fin, venu de l'athlétisme – il fut champion de Normandie du 800 mètres. Il me conseilla en toute amitié quand j'entrepris d'écrire un roman pour la jeunesse consacré au football – *En pleine lucarne*. Dans la famille Tihy, il y a une vraie passion pour le foot. Le frère de Christian, Benoît, fit une carrière professionnelle dont je ne connais pas les contours. Je sais en tout cas qu'il était titulaire dans l'équipe de Toulouse qui joua un jour en Coupe d'Europe contre le Naples de Diego Maradona. Cette rencontre avait été télévisée, et j'ai oublié le score final du match disputé à Toulouse, peut-être 0-0, ou même victoire toulousaine 1-0. Ce dont je me souviens, c'est qu'il y avait eu une résistance héroïque du TFC à la supériorité technique napolitaine. Le lendemain matin, Benoît Tihy faisait la une de *L'Équipe* avec sa photo pleine page à côté de Diego, et ce titre : « Le joueur qui a muselé Maradona ».

Une fois dans sa vie, c'est sûr. Mais une fois, quelle fois, faire la une de *L'Équipe* et prendre le meilleur sur le plus grand joueur du monde ! Je ne connais pas Benoît Tihy, qui a dû faire une carrière honorable. Mais je connais Christian Tihy, qui, à l'école de Beaumont-le-Roger, avait un rapport chaleureux avec un petit garçon nommé Vincent Delerm, et qui plus tard vint le voir chanter à l'Olympia. C'est quelque chose. Connaître le frère de celui qui un jour musela Maradona.

Inde, Cochin.

Portugal, Porto.

LA JOIE DANS LA RUE

Il y a un joli moment, quand l'équipe de France vient de remporter un match important, de se qualifier par exemple pour une demi-finale de la Coupe du monde. On sort pour raccompagner chez lui un copain qui est venu regarder le match avec vous. On est heureux, bien sûr, on se dit qu'on a de la chance de pouvoir supporter une équipe qui fait partie des meilleures de la planète – en plus, on a eu très peur, les Anglais ont raté un penalty qui aurait tout changé.

Ce qui est extraordinaire, c'est le moment où on sort de l'immeuble. Dans la rue, il y a plein de gens qui viennent de regarder le match, et qui font des cercles en chantant « On est en demie, on est en demie... » Toutes les voitures qui passent donnent des coups de klaxon. Ce n'est pas un bruit répété, mais une ligne musicale ininterrompue, assourdissante, et qui paraît pourtant si légère, et donne à la nuit une tonalité nouvelle. Sur le trottoir, on a davantage l'impression de danser que de marcher. On sourit aux gens qu'on ne connaît pas, on lève les bras en les secouant comme si on ne croyait pas vraiment à ce qui nous arrive. On voudrait que le chemin n'en finisse pas. C'est le foot qui rend la vie plus belle.

PARLER APRÈS LE FOOT

On ne parle pas de football, quand on a fini un petit match, qu'on s'allonge par terre ou qu'on s'assoit, en tailleur, les jambes écartées. Il y en a toujours un qui s'assoit sur le ballon, et ça lui donne un petit air de calme, de réflexion. On aime bien ces moments-là. On parle des profs, bien sûr, et surtout des événements de l'école, du collège, on entend souvent des « J'te jure que c'est vrai ! » parce qu'une réplique ou une insolence semble trop incroyable pour avoir été prononcée comme ça. On parle des rebelles, la légende de l'école c'est beaucoup ça. On parle de dénonciations, on entend : « Alors lui, je peux pas le sentir ! »

Et après, on parle des choses qu'on aime bien, des films qu'on a vus, et alors on entend se répondre en écho des « J'adore quand… ».

On ne parle pas de foot, mais c'est du foot quand même. Dans les paroles qu'on échange après, il y a un lien secret. Ce qui nous attache à la vie, ce qui vaut la peine qu'on y mette toutes ses forces, c'est le football. Après, on se sent pacifié, on déguste le moment comme une clairière dans une forêt, une bulle de temps à part, libre et douce. Souvent, il y a un autre ballon qu'on se passe du bout du pied, comme une petite braise qui pourrait rallumer le feu de l'envie de jouer, mais non, on a bien tout donné.

C'est bon d'être si fatigué et de parler à petits coups, bien sûr qu'on rejouera demain, mais on n'y pense même pas. On parle d'autre chose à l'ombre du football.

Maroc, Fez.

Inde, Cochin.

Inde, Adimali.

Direction éditoriale : Nathalie Beaux Richard
Direction artistique : Virginie Perrollaz-Trousselard
Suivi éditorial : Mathilde Wolski
Fabrication : Virginie Leroux

Photogravure : Point 11
Impression : GraphyCems, mars 2024, Espagne